Liderazgo

Hábitos Poderosos De Líderes Exitosos Para Ganar
En La Gerencia Comercial

(Libro De Gestión Empresarial Para Influir Y
Comunicarse Mejor)

Tico Loya

Publicado Por Daniel Heath

© **Tico Loya**

Todos los derechos reservados

Liderazgo: Hábitos Poderosos De Líderes Exitosos Para Ganar En La Gerencia Comercial (Libro De Gestión Empresarial Para Influir Y Comunicarse Mejor)

ISBN 978-1-989808-34-4

Este documento está orientado a proporcionar información exacta y confiable con respecto al tema y asunto que trata. La publicación se vende con la idea de que el editor no esté obligado a prestar contabilidad, permitida oficialmente, u otros servicios cualificados. Si se necesita asesoramiento, legal o profesional, debería solicitar a una persona con experiencia en la profesión.

Desde una Declaración de Principios aceptada y aprobada tanto por un comité de la American Bar Association (el Colegio de Abogados de Estados Unidos) como por un comité de editores y asociaciones.

No se permite la reproducción, duplicado o transmisión de cualquier parte de este documento en cualquier medio electrónico o formato impreso. Se prohíbe de forma estricta la grabación de esta publicación así como tampoco se permite cualquier almacenamiento de este documento sin permiso escrito del editor. Todos los derechos reservados.

Se establece que la información que contiene este documento es veraz y coherente, ya que cualquier responsabilidad, en términos de falta de atención o de otro tipo, por el uso o abuso de cualquier política, proceso o dirección contenida en este documento será responsabilidad exclusiva y absoluta del lector receptor. Bajo ninguna circunstancia se hará responsable o culpable de forma legal al editor por cualquier reparación, daños o pérdida monetaria debido a la información aquí contenida, ya sea de forma directa o indirectamente.

Los respectivos autores son propietarios de todos los derechos de autor que no están en posesión del editor.

La información aquí contenida se ofrece únicamente con fines informativos y, como tal, es universal. La presentación de la información se realiza sin contrato ni ningún tipo de garantía.

Las marcas registradas utilizadas son sin ningún tipo de consentimiento y la publicación de la marca registrada es sin el permiso o respaldo del propietario de esta. Todas las marcas registradas y demás marcas incluidas en este libro son solo para fines de aclaración y son propiedad de los mismos propietarios, no están afiliadas a este documento.

TABLA DE CONTENIDO

Parte 1 1

Introducción 2

Visión General De La Evolución De Las Generaciones 5

GENERACIÓN GI 5
LA GENERACIÓN SILENCIOSA 6
BABY BOOMERS 8
GENERACIÓN X 9
GENERACIÓN Y 9
GENERACIÓN Z 10

Entendiendo La Generación Y 11

Y SUS RASGOS CLAVE 11
MIRADA PROFUNDA: ENTENDIENDO A LOS MILLENNIALS 12

Brecha Generacional Entre La Generación Y Y Los Baby Boomers 16

NECESIDAD DE SOCIALIZAR 16
DEPENDENCIA DE LA COMUNICACIÓN DIGITAL Y LA TECNOLOGÍA 17
AMOR ESTAR A CARGO 19
RETROALIMENTACIÓN ANSIADA 20

Estrategias De Liderazgo Para Gestión A Los Millennials: Cambiar El Enfoque De "Talla Única Para Todos" 22

EVALUAR REGULARMENTE EL DESEMPEÑO DEL EMPLEADO 23
PROPORCIONAR COMENTARIOS REGULARES 24
ACEPTA SUS IDEAS 25
CONDUCIR SEMINARIOS Y TALLERES 26
DAR LA CARGA A LA GERENCIA MEDIA 26

Conéctese Con Su Fuerza Laboral Millennial 27

AUMENTAR SU INTERACCIÓN 29
OBTENER SU RETROALIMENTACIÓN 30
INVOLUCRAR A LOS EMPLEADOS FUERA DEL LUGAR DE TRABAJO ... 31

GANAR LA CONFIANZA DE LOS DEMÁS 32
ACEPTAR SU TALENTO E INTELIGENCIA 33
COACHING PARA MILLENNIALS 34

Valore A Su Fuerza Laboral Millenial Y Déles La Oportunidad De Crecer 35

DARLES PROYECTOS EMOCIONANTES Y DESAFIANTES 36
CONOZCA LAS FORTALEZAS DE SUS EMPLEADOS MILLENIALS Y ÚSELAS A FAVOR 37
OFRECER PROMOCIONES RÁPIDAS 39
ALINEAR SU TRABAJO CON SUS INTERESES Y VALORES 40

Capitalizar Su Afinidad Por La Tecnología Y Las Redes Sociales 42

Conclusión 45

Parte 2 46

Introducción 47

Quién Es Un Líder Y La Importancia De Las Buenas Habilidades De Comunicación En El Liderazgo 48

¿POR QUÉ ES IMPORTANTE COMUNICARSE EFICAZMENTE MIENTRAS SE DIRIGE A LAS PERSONAS? 50
¿POR QUÉ GANAR LA CONFIANZA DE SU EQUIPO? 51
ENTENDIENDO LA DIVERSIDAD EN TU EQUIPO 52

Su Equipo Es Probablemente Una Mezcla De Diferentes Generaciones 53

AMOR PARA SOCIALIZAR 54
SON ENTUSIASTAS DE LA TECNOLOGÍA 54
¿QUIERES MÁS TIEMPO DE CARA Y COMENTARIOS 55
DISFRUTA TOMANDO EL CONTROL DE LAS COSAS 56
AMOR PARA ESTAR A CARGO 56

Estrategias De Comunicación Efectivas Que Debe Usar Para Liderar E Influenciar A Su Equipo 58

AVERIGÜE QUÉ NECESITAN LOS MIEMBROS DE SU EQUIPO 58

ESCUCHA A TU EQUIPO 61
OBSERVAR SU PATRÓN DE TRABAJO. 63
CAMBIA EL MODELO DE 'TALLA ÚNICA PARA TODOS' 64

Comunique Claramente La Agenda De La Empresa Y Las Responsabilidades Laborales Con Su Equipo. 65

CREAR UNA GESTIÓN INTERMEDIA. 66
INTERACTÚA MÁS CON EL EQUIPO DEL TOUR Y FUERA DEL LUGAR DE TRABAJO TAMBIÉN 67

Ganando La Confianza De Su Equipo Y Empleados 69

CONSTRUIR RELACIONES SANAS 69
ALINEAR EL TRABAJO CON SUS PASIONES, INTERESES Y FORTALEZAS. 70
APRECIARLOS Y RECOMPENSARLOS 72
CULTIVAR UNA CULTURA DE RENDICIÓN DE CUENTAS. 73
AYUDA A LOS MIEMBROS DEL EQUIPO A CRECER 75
ASUMIR LA CULPA 76

Cómo Inspirar A Su Equipo Y Crear Líderes 77

DAR RETOS 78
TOMAR ACCIONES FUERTES E IMPORTANTES A TIEMPO. 78
SE UN EJEMPLO A SEGUIR 80

Conclusión 81

Parte 1

Introducción

Quiero agradecerte y felicitarte por descargar el libro.

Este libro contiene pasos probados y estrategias sobre cómo liderar y gestionar la nueva generación de empleados millennial.

Los Millennials, conocidos coloquialmente como Generación Y, se refieren a la generación nacida entre 1980 y 2000, o según algunas fuentes, nacidas entre 1976 y 2001. Esta generación comprende aproximadamente 80 millones de personas que planean unirse o ya se han unido a la fuerza laboral estadounidense. En 2014, alrededor del 36 por ciento de la fuerza laboral en los EE. UU. consistía de individuos en la clasificación de la Generación Y. Además, las estadísticas indican que para 2020, un asombroso 46 por ciento de la fuerza laboral de los Estados Unidos formará parte de esta generación.

El volumen masivo de la Generación Y en la fuerza laboral significa que habrá un volumen comparativamente menor de la Generación X y los Baby Boomers en la fuerza laboral de los EE. UU. Debido a que la Generación X y los Baby Boomers llegaron antes que los Millennials, es probable que ocupen puestos directivos y ejecutivos en las empresas y organizaciones que emplean a los Millennials.

Además, debido a que los Millennials son diferentes de los Baby Boomers y la Generación X, existe una gran brecha generacional entre estas generaciones, por lo que los ejecutivos y gerentes de los Baby Boomers y la Generación X experimentan desafíos al manejar y administrar a los Millennials.

Este libro es una guía de gestión para los baby boomers y los gerentes de la generación X que trabajan con los Millennials. La guía proporciona información detallada sobre cómo dirigir a los Millennials para que las generaciones mayores puedan gestionarlos con éxito y utilizar su potencial y talento para beneficiar a las organizaciones.

Gracias de nuevo por descargar este libro, ¡espero que lo disfruten!

Visión general de la evolución de las generaciones

Antes de comenzar a discutir cómo dirigir una fuerza laboral integrada por Millennials, es importante aclarar cómo evolucionaron las generaciones desde la Generación GI hasta la Generación Z. Al hacer esto, tendrá una mejor idea de cómo evolucionó la Generación Y :

Generación GI

Generación GI se refiere al grupo de personas nacidas entre 1901 y 1924; se compone de individuos que ahora tienen más de 85 años. Durante la gran depresión, los individuos en la Generación GI eran adolescentes y lucharon como soldados en la Segunda Guerra Mundial.

También conocida como la "generación de swing" o "la mejor generación" debido a su amor por la música de jazz, esta generación desarrolló grandes valores de deber, honor, fe y responsabilidad personal. Los esfuerzos de esta generación hicieron de los Estados Unidos un lugar seguro y mejor para vivir; esta generación también ayudó a construir la economía del país.

La generación silenciosa

La generación silenciosa se compone de individuos nacidos entre 1925 y 1942. Los que pertenecían a la Generación Silenciosa eran niños pequeños y bebés durante la Segunda Guerra Mundial; por lo tanto, no pueden recordar ninguna acción de la Segunda Guerra Mundial.

Existen muchas teorías que explican por qué esta generación se denominó "Generación Silenciosa". Los niños nacidos en esta generación se mantuvieron tranquilos (en su mayoría), concentrados en trabajar duro y siguiendo las reglas según lo dictado. En ese momento, la doctrina popular era que los niños no deberían ser escuchados, solo deberían ser vistos; así, la "generación silenciosa" permaneció callada.

Además, el Comité de la Cámara de Representantes lanzó un asalto por la libertad política en el país. Esto, junto con los esfuerzos extremos del senador Joseph McCarthy para alimentar los sentimientos anticomunistas en el país hicieron que fuera muy peligroso para los ciudadanos del país expresar sus creencias y opiniones. Se volvieron muy cautelosos sobre con quién pasaron el tiempo y hacia dónde fueron, por lo tanto, la etiqueta "la generación silenciosa".

Un artículo publicado en la revista 'Time' describió a esta generación como cautelosa, poco aventurera, retraída y poco imaginativa.

Baby Boomers

Nacidos entre 1943 y 1964, los baby boomers son la generación nacida durante el auge económico que siguió a la Segunda Guerra Mundial. Estos niños participaron en protestas contra la guerra de Vietnam y participaron en los diferentes movimientos de derechos civiles.

Los Baby Boomers tienen muchas cualidades atractivas y demostraron ser un gran activo para el país. Están centrados en el trabajo, orientados a los objetivos, independientes, competitivos, trabajadores y tienen una gran autoactualización. Muchas de las compañías exitosas que ves en el país hoy en día son creaciones de Baby Boomers.

Generación X

La generación X siguió a los baby boomers; esta generación está formada por los nacidos entre 1965 y 1979. Originalmente conocidos como los cazadores de bebés porque las tasas de fertilidad repentinamente experimentaron un descenso después de los baby boomers, la Generación X sufrió la epidemia de SIDA cuando eran adolescentes y vio la caída del Muro de Berlín. Los niños de la Generación X comenzaron a cepillarse los hombros con la tecnología y también se les conoce como los que rompen reglas.

Generación Y

Nacida entre 1980 y 2000, la Generación Y, también conocida como Echo Boomers, Generation Next, Screenagers, Millennials,

MySpace Generation, Facebookers y Baby-on-Board Generation, se compone de individuos que dependen mucho de la tecnología.

La generación Y es muy talentosa, segura, ambiciosa, buena comunicadora y excelentes para trabajar en equipo.

Generación Z

La Generación Z, también conocida como iGeneration, está formada por personas nacidas entre 2001 y 2013 y está compuesta por niños y adolescentes que dependen en gran medida de la tecnología y de Internet. Esta generación está formada por personas hiperactivas, cínicas y privadas que tienen buenas habilidades empresariales y son excelentes para realizar tareas múltiples.

Aunque la Generación Z es la última de todas las generaciones, el enfoque de este libro está en los Millennials porque constituyen una parte importante de la fuerza laboral y trabajan bajo el liderazgo de los Baby Boomers.

Ahora que ya sabe cómo evolucionaron las diferentes generaciones, pasemos a discutir las técnicas y tácticas de liderazgo que los baby boomers necesitan emplear para administrar y optimizar a la generación Y.

Antes de hacerlo, analicemos en qué se diferencian los Millennials de los Baby Boomers y la Generación X y cómo las generaciones ancestrales de los Millennials pueden liderar y gestionarlos.

Entendiendo la Generación Y

y sus rasgos clave

La razón principal por la que la Generación X y los Baby Boomers tienen problemas para administrar a sus empleados, la mayoría de los cuales son la Generación Y, se debe a que los formadores no entendieron esto último. Los "baby boomers" desconocen las características de la Generación Y, por eso les resulta desafiante liderarlos.

En este capítulo, cubriremos la Generación Y y las entenderemos mejor. El propósito de esto es equiparlo con el conocimiento que necesita para comprenderlos y conectarse con ellos. Además, discutiremos particularmente en qué se diferencian los Millennials de la Generación X y los Baby Boomers para que pueda entender por qué existe la brecha generacional.

Mirada profunda: Entendiendo a los Millennials

La Generación Y es el grupo laboral más grande que ha surgido desde la enorme generación del baby boom. Por lo tanto, es esencial para cualquier gerente, que, como dijimos, la mayoría de los individuos en los roles gerenciales de hoy en día están en la categoría de baby boom, entender a los millennials.

Los millennials son altamente capacitados particularmente en el campo de la tecnología; también están bien educados. Dado que la mayoría de los millennials han recibido educación de alta calidad, son competitivos y están bien informados sobre lo que hacen.

Son increíblemente enérgicos y trabajan con mucho celo y entusiasmo. Debido a que dependen en gran medida de la tecnología, les resulta fácil realizar tareas múltiples, ya que tienen diferentes dispositivos a los que pueden recurrir para completar sus tareas.

La Generación Y también estableció metas altas, razón por la cual esta generación es altamente ambiciosa. No se conforman con lo suficientemente bueno: luchan por la excelencia. Su deseo es perfeccionar todo lo que hacen, por lo que incorporan dispositivos tecnológicos avanzadas en su trabajo para que puedan lograr resultados asombrosos y el máximo rendimiento de sus aportaciones.

La Generación Y ama los desafíos y disfruta trabajar en un entorno competitivo. No les gustan los planes avanzados (especialmente si no son los que hacen los planes), quieren trabajar duro por todo. Aunque buscan desafíos en su entorno de trabajo, anhelan un equilibrio en sus vidas personales y profesionales, y trabajan arduamente para adquirir ese equilibrio.

Además, los millennials anhelan la socialización. No les gusta el aislamiento y disfrutan interactuando con los demás. Es por esto que organizan muchas fiestas para que puedan tener más oportunidades de mezclarse. Esto también explica por qué prefieren trabajar en equipo.

Debido a que los millennials están llenos de energía, son un poco impacientes, por lo que quieren una gratificación inmediata. No les gusta esperar a que sucedan cosas y no pueden esperar pacientemente un esfuerzo por mostrar sus resultados durante semanas y meses, y mucho menos años. Anhelan resultados inmediatos, por lo que son fáciles de distraer cuando buscan lograr algo. Por esta razón, a veces, a esta generación le resulta difícil actualizar sus objetivos a largo plazo.

Los Millennials también quieren resultados instantáneos porque aman los avances rápidos en cualquier empresa en la que se involucren. Las generaciones que tienen ante ellos perciben su entusiasmo por los avances rápidos como su mayor defecto.

Los Millennials también son súper creativos y buscan innovación en lo que sea que hagan. Dado que cualquier rutina tiende a aburrir y hacerlos impacientes, buscan diferentes enfoques para hacer las cosas, lo que les ayuda a crear ideas y conceptos creativos.

Ahora que hemos explicado los rasgos básicos y las características clave de los millennials, analicemos por qué existe una brecha generacional entre ellos y las generaciones anteriores, especialmente los Baby Boomers.

Brecha generacional entre la Generación Y y los Baby Boomers

La brecha generacional existente entre la Generación Y y sus generaciones ancestrales, en particular los Baby Boomers, existe debido a varias razones:

Necesidad de socializar

A los Millennials les encanta socializar y disfrutan trabajar en grupos y equipos, mientras que los Baby Boomers y la Generación X se sienten más cómodos cuando trabajan a nivel individual. El último siente que se hace más trabajo cuando trabajan solos, mientras que el primero cree que trabajar en equipo, conduce a una mejor lluvia de ideas y un excelente intercambio que genera nuevos enfoques para completar el trabajo.

Dependencia de la comunicación digital y la tecnología

En su libro, Conoce a los Millennials, Leigh Buchanon escribe que la Generación Y es experta en comunicación digital y que depende en gran medida de la tecnología avanzada cuando realiza su trabajo. Esta generación ha crecido en una era en la que el uso de Internet estaba aumentando y la información estaba disponible al instante. No tenían que pasar horas encerrados en bibliotecas y hurgar en periódicos viejos, revistas publicadas y libros para encontrar información porque Google, Wikipedia y otros portales de búsqueda estaban a su disposición.

Por otro lado, los Baby Boomers vivieron en una época en que tales avances y conveniencias no estaban disponibles. Tuvieron que trabajar duro para encontrar cosas e información, razón por la cual estaban acostumbrados a búsquedas extensas.

Debido a que la información es fácilmente accesible para los Millennials, les resulta emocionante y fácil trabajar en problemas únicos y desafiantes. Además, sus habilidades creativas les permiten buscar formas fáciles de salir en cada situación, por lo que a menudo buscan atajos para el éxito.

A diferencia de esto, los Baby Boomers enfrentaron un momento muy difícil, tuvieron que trabajar mucho para alcanzar sus objetivos; esta es, quizás, una de las razones por las que consideran que el enfoque empleado por los Millennials es infantil y creen que invertir el 100% en una tarea es la única manera de hacer las cosas bien.

La Generación Y obviamente no está de acuerdo con esta noción; son de la opinión de que, si bien es necesario invertir mucho trabajo y tiempo para lograr el éxito, algunas tareas pueden ejecutarse de manera brillante con menos esfuerzo si se las aborda con inteligencia.

Amor estar a cargo

A los Millennials les encanta estar a cargo de las cosas y quieren que sus generaciones mayores comprendan su necesidad de autoridad. Además, si dan una idea, quieren trabajar; aspiran a hacer las cosas a su manera, en lugar de pedirles constantemente permiso, autoridad y consentimiento a sus "baby boomers".

En la edición de febrero de 2009 de Harvard Business Review, un artículo afirmaba que los Millenials esperaban tener la oportunidad de seguir sus ideas y cumplirlas, y esperaban que sus superiores, muchos de los cuales eran Baby Boomers, comprendieran que los modelos de trabajo han cambiado; por lo tanto, deben adaptarse sin problemas al nuevo estilo de trabajo: el estilo de trabajo Millenial.

Dado que la generación Baby Boomer creció de manera diferente y experimentó un conjunto diferente de situaciones, les resulta difícil aceptar y adaptarse a la forma en que funcionan los Millennials.

Retroalimentación ansiada

Los empleados Millennials están ansiosos por recibir comentarios sobre su desempeño. Cuando comienzan a completar una tarea, esperan que sus superiores lo evalúen en detalle y luego les informan si han hecho un buen trabajo. Si no han cumplido con los estándares, quieren que les digas cómo mejorar en lugar de ser críticos con su desempeño.

Además, la Generación Y desea comentarios rápidos sobre su trabajo y desea que sus superiores Baby Boomers o Generación X lo apoyen. Sin embargo, los baby boomers no están acostumbrados a ofrecer evaluaciones frecuentes de desempeño y no aprecian habitualmente a sus empleados. Esto explica por qué los trabajadores Millenials a menudo se sienten insatisfechos mientras trabajan para sus empleadores Baby Boomers.

Todas estas razones resaltan claramente por qué existe una gran brecha generacional entre los Millennials y los Baby Boomers, y por qué este último no logra liderar con éxito al primero.

Ahora, con eso fuera del camino, discutamos lo que deben hacer los empleadores y gerentes de Baby Boomer y la Generación X para reavivar su relación con los Millennials y guiarlos de la mejor manera posible.

Estrategias de liderazgo para gestión a los Millennials: cambiar el enfoque de "Talla única para todos"

Cambiar su estilo de liderazgo y administración para adaptarse a los Millennials y hacerles entender lo que usted desea y espera de ellos es un proceso que no ocurre de la noche a la mañana. Requiere que realice algunos pasos que le permitan dirigir con éxito a los millennials y optimizar sus habilidades.

El primer paso en este proceso es cambiar su estrategia de "talla única para todos".
Un estudio descubrió que los Millennials no aprecian que los "baby boomers" empleen el enfoque común de "talla única". Los baby boomers y los empleadores de la Generación X creen que un enfoque o sistema funciona bien para todos y si un factor motiva a un grupo de trabajadores, estimulará al resto de los empleados.

Los Millennials no favorecen este enfoque y sienten que el modelo de trabajo necesita revisiones y cambios para adaptarse a las necesidades de los empleados individuales. Una de las razones principales por las que los Millennials y los Baby Boomers no trabajan juntos de una manera tranquila y efectiva es porque los Baby Boomers esperan que los Millennials se ajusten a sus tradiciones y prácticas antiguas.

Para hacer que el trabajo con sus empleados millenials sea más fácil y más productivo, es importante que evite la estrategia de "talla única" y adopte las siguientes formas para mantener a la fuerza laboral de la Generación Y comprometida y feliz en su trabajo.

Evaluar regularmente el desempeño del empleado

Para descubrir la mejor manera de abordar a sus empleados millenials, primero debe evaluar su desempeño de manera regular; esto le ayudará a descubrir la manera en que trabajan los diferentes empleados.

Proporcionar comentarios regulares

Una vez que haya evaluado el trabajo realizado por los empleados millenials, brinde una respuesta rápida. Recuerde, a los millennials no les gusta esperar por siglos: quieren mejorar su trabajo ahora mismo. Para hacer el mejor uso de su energía, inmediatamente (o tan pronto como sea posible) déles lo que buscan.

Al proporcionar los comentarios, agregue listas de verificación para que sepan qué tareas deben realizar y cuándo. Además, ofrezca mucha ayuda y orientación sustanciales y significativas en las áreas donde cometieron errores y, si encuentran algo innovador y eficiente, recompénselos o al menos felicítelos por su esfuerzo. Los millennials anhelan la apreciación; désela.

En segundo lugar, cuando se trata de millennials, deje de ser tan cruel y cínico. Si no logran hacer lo que usted desea, la razón podría ser su creatividad para generar nuevas ideas. Siéntese y hable con ellos para descubrir cómo perciben las cosas. Es probable que su idea sea buena y necesite el consejo de un experto para pulirla.

Además, cuando proporcione comentarios a los Millennials, analícelos con ellos para que no deje lugar a ningún tipo de malentendido. Dado que usted y los millennials tienen patrones de pensamiento diferentes, también perciben la información de manera distinta. Al analizar la evaluación, explica su punto de vista y se asegura de que hagan las cosas como se espera.

Acepta sus ideas

También debe comenzar a ser más abierto a ideas nuevas y únicas. Si cree que abrir una tienda en línea no es importante para el crecimiento de su negocio, pero su gerente de marketing de millennial declara lo contrario, si tiene los fondos para respaldar la idea, pruébelo y evalúe el crecimiento del negocio después de implementar la idea. Es probable que esa idea beneficie a su negocio.

Conducir seminarios y talleres

Organice seminarios y talleres donde haya ejecutivos experimentados, analistas y empresarios que hablen con los empleados millenials y Baby Boomers. Esto expone a las generaciones a nuevas ideas y estilos de trabajo.

Dar la carga a la gerencia media

En lugar de dar todo el cargo a la alta gerencia, cree una gerencia intermedia que revise el trabajo y el desempeño de los empleados e informe a la alta gerencia. Deben evaluar individualmente a cada trabajador y no comparar uno con el otro. Además, los empleados deben tener un cierto grado de discreción para tomar ciertas decisiones para que puedan sentirse capacitados y como una parte importante de la organización. Esto garantiza que ningún empleado tenga que trabajar de una sola manera, lo que a su vez garantiza que todos los empleados adopten métodos diferentes para obtener el resultado deseado.

Al utilizar estas estrategias, será más fácil administrar su fuerza laboral millrenial. Una vez que haga esto, puede pasar a la siguiente estrategia.

Conéctese con su fuerza laboral Millennial

Una vez que haya cambiado el modelo de trabajo, continúe con el siguiente paso, que es conectarse con la fuerza de trabajo de la Generación Y. Esto es increíblemente importante porque la falta de conexión es lo que causa la brecha generacional.

Una vez que se conecte con su fuerza de trabajo de la Generación Y, se entenderán mejor entre sí, lo que mejorará el compromiso entre usted y sus empleados millenials. Cuando usted y sus empleados se conocen bien, comprenden las necesidades de los demás y se conforma un equipo real. Esto asegura el crecimiento progresivo y el éxito dentro de la empresa.

Para ayudar a que su organización crezca con cada día que pasa, debe esforzarse por fortalecer su relación con los millennials que trabajan en su empresa.

A continuación se presentan algunas estrategias y consejos para ayudarlo a lograr este objetivo.

Aumentar su interacción

Una buena manera de conectarse con sus trabajadores y comprenderlos mejor es brindándoles mayor tiempo de atención en el lugar de trabajo. Esto significa reunirse e interactuar con ellos de forma regular. Tener reuniones periódicamente le da la oportunidad de darles más tiempo de respuesta y comentarios constantes, lo que aumenta el compromiso.

Cuando tenga una reunión, pierda su actitud rígida y obstinada e interactúe cordialmente con sus empleados. Los millennials anhelan una interacción amistosa continua con sus superiores y no aprecian a los obstinados y groseros que actúan como si lo supieran todo. Sea flexible y conéctese con su fuerza laboral millenial de manera amigable y en un ambiente agradable. Si realiza un buen acercamiento, darán dos pasos hacia usted y aumentarán su esfuerzo por intentar impresionarlo.

Obtener su retroalimentación

Además de proporcionarles comentarios, pídales a los millennials que le hagan comentarios sobre sus esfuerzos y habilidades de gestión. Los millennials disfrutan recibir y dar feedback. Cuando proporciona retroalimentación, su fuerza laboral milenaria la utilizará para mejorar y al solicitarles retroalimentación sobre su actitud, comportamiento y estilo de liderazgo, les hará saber que desea mejorar sus habilidades de gestión y que desea que se sientan cómodos en la organización. Cuando llame a su fuerza laboral millenial para una reunión, pregúnteles cómo puede convertirse en un buen gerente, tome su consejo con sinceridad y aplíquelo.

Involucrar a los empleados fuera del lugar de trabajo

Según Alim Erginoglu, un consultor de contratación de empleados de Towers Watson, para conectarse con los empleados, es importante pasar tiempo con ellos fuera del lugar de trabajo. Los empleadores exitosos se conectan y establecen vínculos con sus empleados millenials dentro y fuera del entorno laboral.

Dele a sus trabajadores millenials tareas y proyectos al aire libre que requieran que salgan del lugar de trabajo y se relajen un poco ya que a veces, el estrés y la tensión puede acumularse, lo cual dificulta la vinculación entre usted y sus empleados millennials.

Los compromisos externos le brindan a usted y a sus empleados la oportunidad de conectarse en un entorno diferente. En segundo lugar, les da a los Millennials la oportunidad de socializar en nuevos entornos, algo que disfrutan inmensamente.

Ganar la confianza de los demás

Una excelente manera de conectarse con los empleados millenials es ganarse la confianza de todos y mantenerla. Para construir confianza, sea genuino, transparente y auténtico. Sea su verdadero yo cuando trate con sus trabajadores, incluso si es contrario a lo que quiere exhibir.

Por ejemplo, si es amable y relajado en lo real, pero se presenta sí mismo como un jefe extremadamente obstinado que no se preocupa mucho por los empleados y exige un estricto cumplimiento de las reglas, deje de ser artificial y sea su verdadero yo.

Al ser su verdadero yo, le muestra a sus empleados millenials la verdadera persona y les da la oportunidad de comprenderlo mejor. Esto les ayuda a ser su propio yo también, lo que le ayuda a desarrollar un vínculo basado en la confianza y la comprensión.

Aceptar su talento e inteligencia

Para vincularse bien con los Millennials en su empresa, además de hacer todo lo anterior, tiene que hacer una cosa más: aceptar que los Millennials son talentosos e inteligentes y hacerles saber que usted valora su experiencia y los considera activos valiosos.

Cuando llame a una reunión con sus trabajadores millenials, asegúrese de resaltar las habilidades y los talentos de quiénes trabajan arduamente y hágales saber que los valora. Si alguno de los Millennials están luchando para demostrar su valía, aliéntalos, aprécielos por sus intentos y hágales saber que apoya su búsqueda para mejorar.

Según Nicole Cunningham, una Millennial ygerente senior que aborda las experiencias de los empleados en Knot Standard, a pesar de que a los Millennials les encanta trabajar colectivamente en equipos, también están motivados individualmente. En forma individual, preste atención a cada uno de sus empleados de la Generación Y y motívelos a continuar con su buen trabajo.

Coaching para Millennials

Una cosa más que debe hacer para conectarse con sus Millennials es adoptar un estilo de liderazgo más centrado en el entrenador. Los Millennials no aprecian la dictadura y los sentimientos fuera de control. Si continúa gobernándolos con autoridad, los Millennials le rechazarán. Por lo tanto, para desarrollar un gran vínculo con sus Millennials, actúe como su coach.

Deje su estilo de liderazgo tradicional y deje de mostrarse como su jefe. Como coach, podrá actuar como su guía y no como gobernante, y para hacerlo, debe ser humilde y amable.

Trabajando en estas estrategias; usted y sus Millennials desarrollarán un vínculo fantástico que beneficiará enormemente a su organización.

Valore a su fuerza laboral Millenial y déles la oportunidad de crecer

Como se dijo antes, los Millennials aman los desafíos y quieren ser mejores en lo que hacen. Si sienten que no están progresando en su línea de trabajo y no tienen suficientes desafíos, pronto pierden interés en la tarea y se aburren. Cuando se produce el aburrimiento, comienzan a buscar oportunidades en otros lugares y dejan su empresa.

Según Ketti Salemme, un gerente de comunicación senior que trabaja en TINYpulse, los Millennials rechazan las reglas convencionales pertinentes a la cultura laboral y al desarrollo profesional. Buscan un rápido crecimiento y desarrollo, lo cual hace que no puedsn esperar para recibir una promoción.

Para mantener a su fuerza laboral milenaria en su organización, y para beneficiarse de sus habilidades y experiencia, debe darles la oportunidad de crecer y desarrollarse. Por lo tanto, para hacer que los Millennials se sientan queridos en su empresa y para aprovechar sus habilidades, el siguiente paso que debe realizar es valorarlos y brindarles la oportunidad de crecer y desarrollarse.

Aquí es cómo puede hacer eso.

Darles proyectos emocionantes y desafiantes

Dele a su fuerza laboral milleanial algunos proyectos bastante desafiantes y emocionantes para que su interés en el trabajo y su empresa permanezcan intactos. Ofrézcales proyectos y tareas que fomenten un rápido desarrollo y aprendizaje experimental. Esto le ayudará a conservar sus empleados Millennials actuales y le ayudará a mejorar las habilidades de algunos empleados nuevos y talentosos.

Conozca las fortalezas de sus empleados millenials y úselas a favor

Un trabajador de Gallup descubrió que los empleados de la Generación Y son conscientes de sus fortalezas y quieren que la organización para la que trabajan los valore, así como su contribución a la empresa.

Si su fuerza laboral millenial no está contenta e insatisfecha con usted, la razón puede ser que no sea consciente de su experiencia y talento, y los haya colocado en departamentos donde no puedan utilizar su potencial lo mejor que puedan. Esto significa que no experimentarán un rápido crecimiento porque cuando los millennials hacen algo de lo que no disfrutan o no son buenos, no lo hacen de todo corazón y nunca quieren sobresalir.

Para asegurar el crecimiento en su empresa, es esencial que estudie a los Millennials que trabajan para usted e identifique sus fortalezas. Una vez que sepa dónde se encuentran sus puntos fuertes, colóquelos en departamentos y trabajos donde puedan utilizar plenamente sus talentos y hacer el mejor uso de su potencial único.

Por ejemplo, si ha colocado un Millenial con un título de contabilidad en el departamento de contabilidad, pregúntele a este empleado si realmente disfruta de la contabilidad; si no, coloque a ese empleado en un departamento adecuado. De manera similar, si un empleado de la

Generación Y disfruta de trabajo al aire libre, pero actualmente trabaja como su secretaria personal, haga que el empleado haga algo emocionante en su lugar.

Para saber qué es lo que su fuerza laboral millenial hace mejor y encuentra placentero, tendrá que conectarse con ellos. Esto le ayudará a comprenderlos mejor y usar correctamente sus cualidades, talentos y atributos únicos. Cuando dejaque los millennials hagan cosas que les gustan y en las que son buenos, naturalmente, se interesan mucho en su trabajo, lo que les ayuda a crecer a ellos y a la empresa.

Ofrecer promociones rápidas

Otra potente estrategia que puede utilizar para ayudar a sus empleados de la Generación Y a crecer, así como a mantener intacto su interés en su empresa, es promoverlos a un ritmo rápido y acelerado. En lugar de promocionarlos después de 3, 5 o 10 años, promuévalos después de cada seis a doce meses. Este enfoque proporciona a sus millennials una recompensa después de cada período menor, lo cual los mantiene felices.

Debido a que no puede promocionar a un empleado al mismo nivel gerencial después de cada seis meses, cree muchos puestos nuevos y agregue más deberes y responsabilidades a cada puesto. Por ejemplo, divida la simple publicación de Marketing Manager en cuatro o cinco posiciones y agregue una nueva responsabilidad y aumente el pago en cada nivel.

Alinear su trabajo con sus intereses y valores

Otra estrategia efectiva que puede utilizar para ayudar a que sus millennials crezcan y para que participen en su empresa es alinear lo que hacen con sus valores y principios fundamentales. Averigüe qué es lo que más valora su empleado individual millenial, qué se esfuerzan por lograr, y luego encuentre una manera de incorporarlo en su trabajo. Esto hace que su trabajo sea más emocionante y desafiante, y hace que los millennials individuales sientan que usted realmente los valora.

Por ejemplo, si un empleado millenial disfruta mezclarse con personas y trabaja en el departamento de recursos humanos, usted podría hacer que ese empleado sea el líder del equipo de una encuesta relacionada con el recurso humano. De esta manera, usted amalgama sus intereses con su trabajo y los mantiene involucrados en su trabajo. Averigüe qué les importa a sus Millennials y alinéelos con su trabajo.

Preste atención a este consejo. Si lo hace, su fuerza de trabajo jóven y sus subordinados disfrutarán de su trabajo porque les proporciona un rápido crecimiento y estímulo.

Capitalizar su afinidad por la tecnología y las redes sociales

Una vez que establezca una buena relación con sus trabajadores Millennials, bríndeles oportunidades de crecimiento y comience a usar sus fortalezas, tendrá que pasar al paso final del proceso: capitalizar su increíble afinidad con la tecnología avanzada y la creación de redes.

Así es cómo puede ejecutar este paso.

Incorpore la tecnologíaen su lugar de trabajo

Organice una reunión con sus empleados millenials y pregúnteles acerca de los diferentes dispositivos tecnológicos, software, aplicaciones y avances que utilizan en su vida personal o profesional; pregúnteles cómo pueden integrar estas tecnologías en el entorno laboral. Esta reunión será importante para su vida profesional y lo ayudará a revolucionar su empresa.

Por ejemplo, si es ajeno a Pinterest y otros foros de redes sociales que pueden ayudarle a publicitar y promocionar su negocio, pregunte a sus millennials cómo usar mejor estas plataformas para mejorar el marketing. Esto le ayudará a aprovechar su amor por la tecnología y les hará sentir que jugarán un papel muy importante en la empresa, aumentando la productividad.

Capitalizar su amor por las redes

Reúnase con sus trabajadores millenials y llévelos a diferentes reuniones y eventos profesionales. Al hacer esto, construirá su credibilidad como líder y creará un vínculo más sólido con su fuerza laboral, lo cuál beneficiará enormemente a su empresa.

Conclusión

¡Gracias de nuevo por descargar este libro!

Como se ha demostrado claramente en este libro, los millennials no son tan difíciles como la mayoría de los baby boomers creen que son; de hecho, liderar efectivamente a los millennials no requiere más que un poco de táctica, paciencia y esfuerzo.

Espero que este libro le ayude a comprender lo que debe hacer para dirigir con éxito la fuerza laboral de la Generación Y y aprovechar su potencial.

¡Gracias y buena suerte!

Parte 2

Introducción

Quiero agradecerte y felicitarte por descargar el libro.

"Un líder es aquel que conoce el camino, hace el camino y muestra el camino". John C. Maxwell

Un líder brillante e influyente es aquel que conoce su objetivo, tiene una estrategia sobre cómo alcanzarlo, lo logra y luego guía a su equipo para que haga lo mismo. Sin embargo, liderar un equipo no siempre es un trabajo fácil. Y ou se encontrará con una serie de obstáculos que a menudo puede desmotivar a usted y le distraiga de su meta. Tales obstáculos incluyen la falta de comunicación adecuada y la desconfianza. Si estás luchando con estos problemas y te resulta difícil liderar a tu equipo, este libro es el antídoto perfecto para ti.

Este libro te enseñará cómo convertirte en un líder fantástico. Cuenta con información útil y efectiva sobre cómo convertirse en un mejor líder para que pueda influir en su equipo y construir líderes brillantes desde dentro. Le guiará sobre cómo comunicarse efectivamente con su equipo y los motivará para que se vuelvan increíbles en lo que hacen para que puedan participar en el logro de los objetivos establecidos.

Gracias de nuevo por descargar este libro, ¡espero que lo disfruten!

Quién es un líder y la importancia de las buenas habilidades de comunicación en el liderazgo

'Si sus acciones inspiran a otros a soñar más, aprender más, hacer más y volverse más, usted es un líder'. John Quincy Adams.

Esta cita muestra claramente que el trabajo de un líder no es solo dar órdenes. Un buen líder es uno que puede inspirar a otros a establecer metas más grandes, así como motivarlos a ir más allá de su estado actual y aprender más. Un líder también alienta a los seguidores a usar lo que han aprendido de la mejor manera posible para que hagan mucho más que lo que creen que son capaces de hacer y se conviertan en la mejor versión de sí mismos. Si quieres convertirte en un líder brillante, esto es exactamente lo que tienes que hacer.

La mayoría de los líderes de equipo y los coaches tienen la intención de influir en su equipo de manera efectiva y ayudarlos a trabajar mejor, pero de alguna manera no logran este objetivo. Por lo general, esto sucede porque carecen de las dos cualidades de un líder carismático: comunicarse de manera efectiva con los miembros de su equipo y tener confianza en el equipo.

Si aspira a llevar a su empresa a un nivel completamente nuevo y mejora la forma en que funciona su equipo, primero debe aprender cómo comunicarse de manera efectiva y tener confianza en su equipo. Permítanme explicar la importancia de estos dos aspectos.

¿Por qué es importante comunicarse eficazmente mientras se dirige a las personas?

¿Qué haces si quieres que un niño de tres años desarrolle el hábito de lavarse los dientes con regularidad? Obviamente, usted le dice qué tan buena es esta práctica para él y luego lo recompensa con sus golosinas favoritas cuando se lava los dientes. Además, deberías cepillarte los dientes delante de él, indirectamente diciéndole que lo que es bueno para ti es bueno para él. Con el tiempo, aprenderá el buen hábito.

Usted pudo lograr este objetivo porque se comunicó correctamente con su hijo. Comprendió su debilidad para adaptar un buen hábito, pero en lugar de perder la paciencia con él, le enseñó con calma y él aprendió.

Del mismo modo, para que las personas te escuchen y para que hagan lo que quieres, debes ser un buen comunicador. Debe ser paciente, sereno, comprensivo y amable con ellos para comunicar sus inquietudes e ideas de manera efectiva. Si no eres bueno para comunicarte con tu equipo, nunca puedes hacerles entender dónde pueden estar yendo mal o incluso corregirlos de una manera que los haga querer aprender.

"La comunicación, la conexión humana, es la clave del éxito personal y profesional". Paul J. Meyer.

¿Por qué ganar la confianza de su equipo?

No puedes ser un líder cuando no tienes a quien dirigir. Por otro lado, si las personas que diriges no te apoyan, entonces tendrás muchos problemas para guiarlos. Esta es la razón por la cual un líder necesita ganar la confianza de su equipo.

Si los miembros de tu equipo confían en ti, sabemos que estás haciendo lo correcto e incluso cuando te arriesgas mucho, te apoyarán y trabajarán celosamente. Además, cuando confían en ti, te hace más fácil influenciarlos. Cuando su equipo tenga fe en usted y lo escuche, puede pedirles que experimenten, salgan de su zona de confort y aumenten su productividad.

Una vez que tenga confianza en su equipo y pueda comunicarse de manera efectiva, lo siguiente que debe hacer es comprender su equipo y la diversidad de los miembros del equipo. Aprendamos más sobre esto en el siguiente capítulo.

Entendiendo la diversidad en tu equipo

A menudo existe una brecha de comunicación entre un líder de equipo y el equipo cada vez que el líder de equipo no reconoce la diversidad de generación en el equipo. Permítame desarrollar la diversidad de la generación y proporcionarle estrategias viables para cerrar la brecha de comunicación entre usted y su equipo.

Su equipo es probablemente una mezcla de diferentes generaciones

Si nació en algún lugar entre 1967 y 19 79, cae en la categoría de la Generación X. Sin embargo, si nació entre 1943 y 1964, pertenece a la categoría de Baby Boomers. La generación Y se compone de los nacidos entre 1980 y 2000 y también se conoce como Millennial o Generation Next, que son los adictos a las redes sociales. La Generación Z se compone de todos los nacidos entre 2001 y 2013. Para los fines de este libro, nos centraremos en tener miembros del equipo que se encuentren en las categorías Generación Y y Z.

Para dirigir con éxito un equipo que consta de IALS Millenn y Generación Z, es importante para entender sus necesidades, características y requisitos, ya que cuando se comprende lo que impulsa, motiva y los inspira, se puede incorporar esos elementos en su estilo de liderazgo y le pondrá en una Mejor posición para entrenar mejor a tu equipo. Aquí hay algunas características de este grupo:

Amor para socializar

A diferencia de los Baby Boomers o la Generación X, los Millennials y la Generación Z aman socializar e interactuar con las personas. Encontrarás que funcionan bien en un grupo / equipo. Trabajar en equipo permite a los Millennials hacer una lluvia de ideas mejor, lo que les permite crear ideas mejores y frescas.

Cuando los dirija, entienda que aislarlos no es la forma correcta de hacer que la mayoría de sus habilidades y talentos se desarrollen. Debe permitirles que prosperen dándoles lo que necesitan: más interacción y oportunidades para socializar.

Son entusiastas de la tecnología

En el mundo actual, no se puede ignorar la importancia de la tecnología y la comunicación digital. los LosMillennials y la Generación Z son los más afectados por esto, ya que lo tienen incorporado en casi todas las áreas de sus vidas.

Estas generaciones aman las cosas rápidas

y fáciles y la tecnología les ha permitido tenerlas fácil y rápidamente. Por ejemplo, pueden comprar algo con solo un clic del mouse sin perder tiempo yendo a las tiendas o pueden resolver un problema simplemente "navegando" por Internet.

Si va a liderar este equipo, debe ser experto en tecnología. Incluso si no lo está, permita que estén y esté abierto a nuevas ideas y nuevas tecnologías. Si permanece estancado con sus ideas y tecnologías 'anticuadas', no podrá comunicarse con ellas.

¿Quieres más tiempo de cara y comentarios

Los Millennials anhelan más contacto personal con sus superiores. Como su entrenador, quieren interactuar contigo y discutir temas. Es más probable que aprendan más de ti si interactúas con ellos, aparte de quedarte en tu cubículo y jugar "el jefe". Además, cuanto más interactúes con ellos, mejor entenderás la m.

Los Millennials también son una generación impaciente y desean comentarios inmediatos sobre su desempeño en las tareas. No les gusta tener que esperar días para que se evalúe su desempeño porque quieren progresar rápido. Si tiene el hábito de demorar la evaluación del desempeño de su equipo, esto explica la razón por la que su equipo suele estar agitado y no se siente apreciado, lo que se traduce en lentitud y baja productividad.

Disfruta tomando el control de las cosas

Los Millennials disfrutan de estar en control. Asígnele un proyecto y delegue la responsabilidad suficiente y es menos probable que lo decepcionen en comparación con cuando trata de microgestionarlo todo. Déjalos en libertad para explorar su potencial porque la microgestión solo resultará en rebeldía.

Amor para estar a cargo

A los Millennials les encanta estar a cargo de las cosas y quieren que la generación anterior entienda que aquellos en autoridad no necesitan controlarlos. Además, si dan una idea, quieren trabajar en eso y aspiran a hacer las cosas a su manera en lugar de pedir permiso, autoridad y consentimiento de sus superiores Baby Boomer todo el tiempo.

Tamara Erickson escribió un artículo en la edición de febrero de 2009 de Harvard Business Review. Explicó que, como milenaria, esperaba tener la oportunidad de seguir sus ideas y cumplirlas, y esperaba que sus superiores, muchos de los cuales eran Baby Boomers, comprendieran que los modelos de trabajo han cambiado y que deben adaptarse al estilo de trabajo de Mil años para trabajar con ellos sin problemas.

Ahora que está al tanto de algunos rasgos de carácter principales y básicos de los Millennials y la Generación Z, comience a buscar estos rasgos en su equipo para comprenderlos mejor. Observe a su equipo muy de cerca durante una o dos semanas y observe su necesidad de socialización, mejor uso de la tecnología, control y más contacto personal con usted. Esto te ayudará a relacionarte y comunicarte mejor con ellos.

Pase al siguiente capítulo para descubrir las estrategias efectivas que puede usar para comunicar el propósito, la agenda y las expectativas de su empresa para el equipo con los miembros de su equipo, de modo que pueda maximizar su potencial y utilizarlo para lograr su objetivo final.

Estrategias de comunicación efectivas que debe usar para liderar e influenciar a su equipo

La buena comunicación es bidireccional, ya que requiere la participación de dos partes. Si continúa hablando y dando órdenes a su equipo, los agotará muy pronto y puede obligarlos a que dejen de trabajar con usted. Para dominar el arte de la comunicación efectiva, esto es lo que debe hacer.

Averigüe qué necesitan los miembros de

su equipo

Según Tony Robbins, debemos darnos cuenta de que todos somos diferentes en la forma en que percibimos el mundo y debemos usar este entendimiento como una guía para nuestra comunicación con los demás.

La comunicación efectiva comienza cuando comprende que la persona con la que está tratando de comunicarse es una persona completamente diferente y puede tener percepciones o necesidades diferentes a las suyas. Para comunicarse efectivamente con su equipo, eso es exactamente lo que debe hacer.

Comprender las necesidades individuales de su equipo de su profesión y luego encontrar una manera de incorporar el cumplimiento de esas necesidades en el trabajo que realizan es la mejor manera de aumentar su productividad y la de su marca.

A su equipo no le importa su objetivo final si los procesos y el trabajo para lograrlo son egoístas. Comprenda que los miembros de su equipo también tienen sus propios intereses y necesidades. Si ignora esas necesidades y nunca intenta comprenderlas, es probable que los miembros de su equipo dejen de esforzarse por alcanzar la excelencia. Por ejemplo, si uno de los miembros de su equipo ama los nuevos desafíos, pero no le da tareas desafiantes, es probable que se aburra con el tiempo y abandone el trabajo cuando encuentra algo más interesante en otros lugares.

De manera similar, si usted es el entrenador de un equipo de baloncesto y uno de los jugadores quiere más reconocimiento, pero no lo deja entrar en el centro de atención, entonces puede cambiar a otro equipo que sienta que lo reconoce.

No quiere que los miembros de su equipo renuncien, ni quiere comprometer su objetivo final. En ese caso, es mejor que empiece a interesarse por lo que desea su equipo y luego busque formas de alinear esas necesidades con su objetivo final para la satisfacción de ambas partes. Aquí hay algunas grandes maneras de hacer eso:

Escucha a tu equipo

" Tenemos dos orejas y una boca para que podamos escuchar el doble de lo que hablamos" .- Epicteto

Epicteto nos dice por qué ser un buen comunicador, es importante escuchar más. Aprenda a escuchar a los miembros de su equipo y siempre déles una oportunidad justa de expresar sus opiniones e ideas. Esto te ayuda de varias maneras.

- Es una forma de mostrarles que sus opiniones son importantes. Una vez que saben que usted valora sus ideas, se abren con usted y están más dispuestos a proponer nuevas ideas para ayudarlo a crecer.

- Los haces sentir escuchados y no te sientes ignorado, lo que les da un sentido de pertenencia que puede motivarlos a trabajar duro para mejorar las cosas.

- Comprende sus necesidades y expectativas profesionales y puede alinearlos fácilmente con sus objetivos para que pueda satisfacerlos sin comprometer sus metas.

- Te encuentras con nuevas ideas, muchas de las cuales pueden ayudarte a mejorar tu productividad.

Comienza a escuchar más a tu equipo si quieres que suceda lo anterior. Organice una reunión de equipo cada semana o quizás varias veces en una semana y descubra qué necesita su equipo de usted, de la empresa o de la carrera en sí. Puede pedir a todos los miembros del equipo que expresen sus opiniones y, si alguien no se siente cómodo hablando en un grupo grande, pídales que se reúnan con usted por separado.

A veces, es posible que no tenga mucho tiempo a su disposición para atender las necesidades individuales de cada uno. En ese caso, escriba correos electrónicos cortos a los miembros de su equipo o lleve a cabo una reunión mensual centrada en esta agenda y luego comuníquese con ellos a través del correo electrónico o las redes sociales, lo que sea más conveniente para usted.

Observar su patrón de trabajo.

Una vez que comprenda mejor las necesidades de su equipo, observe sus patrones de trabajo. De esta manera, puede averiguar sus fortalezas y debilidades. Puede utilizar esta información para asignarles tareas que se alineen con sus fortalezas, lo que mejora la productividad. Esto también te ayuda a mejorar y hacer crecer a los miembros de tu equipo. Por ejemplo, un miembro del equipo puede pensar que está mejor apostando en marketing. Sin embargo, cuando observa a ese miembro, se da cuenta de que es mejor para tratar con las personas y lo transfiere al departamento de recursos humanos, lo que le ayuda a él y su trabajo a crecer.

Por supuesto, cuando descubra las fortalezas y debilidades de su equipo, comparta sus hallazgos con ellos para que estén más conscientes de sí mismos.

Es fácil interesarse en alguien que está interesado en usted, por lo tanto, cuando lo ven interesándose en él, es probable que su interés en su trabajo también aumente porque no solo se preocupa por el rendimiento o el dinero, sino también por su bienestar. -siendo.

Cambia el modelo de 'talla única para todos'

Los Millennials desprecian el modelo de "talla única para todos". No aprecian este enfoque porque los restringe a probar nuevos enfoques y los obliga a trabajar utilizando modelos anticuados.

Una vez que conoce las fortalezas y debilidades de todos, así como sus gustos y aversiones, puede presionarlos para que exploten su potencial sin forzarlos o restringirlos. Deje que todos trabajen de acuerdo con sus capacidades y términos, siempre y cuando todos contribuyan a lograr el objetivo final.

Traiga cambios a la forma en que trabaja

su equipo y cree un enfoque personalizado para cada miembro para que se sientan más cómodos en el lugar de trabajo. Por supuesto, esto no significa que deba abandonar sus principios y valores centrales; estos nunca deben ser comprometidos Además, siempre que haya un error o un bajo rendimiento, no generalice. Trabajar con los individuos particulares responsables.

Comunique claramente la agenda de la empresa y las responsabilidades laborales con su equipo.

La comunicación buena y efectiva siempre exige claridad. Para asegurarse de que su equipo entienda lo que necesita de ellos, comunique sus inquietudes, la agenda de la empresa, la visión y susresponsabilidades laborales con toda claridad.

Cuando tenga un nuevo miembro, asegúrese de darle una visión general de lo que es la empresa, cómo funciona, su visión y misión y lo que espera de ellos. Además, lleve a cabo reuniones periódicas en las que le indica al equipo cuál es la agenda de la empresa o su objetivo final y qué espera de ellos. Sé tan claro y específico como puedas. Cada miembro necesita conocer sus roles específicos para lograr los objetivos establecidos.

Un estudio demostró que un asombroso 63% de los empleados pierden el tiempo en el trabajo porque simplemente están "ocupados" sin una tarea específica en la que trabajar. No quieres que eso suceda en tu compañía, verdad. En ese caso, comience a dar instrucciones claras a sus trabajadores y establezca objetivos claros, específicos y alcanzables para que ellos los persigan.

Crear una gestión intermedia.

Además de hacer todo lo anterior, cree una gerencia intermedia que evalúe a su equipo y trabaje como intermediario entre ellos y la alta gerencia. Esto facilita su trabajo y le permite comprender y conocer mejor las necesidades de su equipo, ya que pueden no abrirse a usted pero pueden interactuar libremente con los mandos intermedios. Asegúrese de que la gerencia media evalúe a los diferentes miembros individualmente y no compare a un miembro con otro.

Interactúa más con el equipo del tour y fuera del lugar de trabajo también

Si es posible, programe reuniones regulares y reuniones con su equipo fuera del lugar de trabajo. Esto le permite interactuar en un ambiente más cómodo. En el lugar de trabajo, todo lo que se te ocurre es tu trabajo, la finalización de las tareas y el logro de los objetivos, lo que a veces hace que te veas como una persona dura y tal vez hostil.

Sin embargo, al interactuar con su equipo fuera del trabajo, puede socializar con ellos en un entorno menos seguro y es aquí donde es probable que conozca a la persona real. Durante este tiempo, olvida que eres el jefe y solo interactúa y comunícate libremente con los miembros de tu equipo. Dichas interacciones hacen que te veas como alguien con quien se pueden relacionar, lo que hace que trabajar con ellos sea más fácil.

A medida que trabaje en estas estrategias, comenzará a observar un cambio positivo en el comportamiento de su equipo. Se abrirán más a usted, vendrán a usted con mejores ideas y estarán más motivados para esforzarse por la excelencia .

Además de cerrar la brecha de comunicación entre usted y sus empleados y, por supuesto, fortalecer su vínculo con ellos, también necesita ganar su confianza e inspirarlos para que acepten los desafíos de manera positiva y sean mejores. Los siguientes dos capítulos del libro se centrarán en este aspecto y lo ayudarán a ganar la confianza de su equipo para convertirse en un líder notable.

Ganando la confianza de su equipo y empleados

Es muy fácil trabajar con personas si tienen confianza en ti y confían en ti para crear una visión para ellas. Si ejercita todas las diferentes estrategias que se analizaron en el último capítulo, ganará gradualmente la confianza de su equipo y podrá dirigirlas e influirlas de manera positiva. Este capítulo se centrará en técnicas y métodos más efectivos para ganar la confianza de sus empleados.

Construir relaciones sanas

Forjar una relación sana con los miembros de su equipo es el primer paso para ganar su confianza. Para construir una relación, sea auténtico, genuino, confiable y transparente. Sé tú mismo porque a nadie le gusta o se atrevería a confiar en un simulador. Si eres relajado y amigable, entonces sé amable con tus trabajadores en lugar de actuar como un jefe estricto y mezquino que no se preocupa por nadie más.

Sin embargo, si usted es estricto, entonces está bien, pero lo que debe entender es que ser un poco flexible lo ayudará a ganarse la confianza de su equipo y establecer una relación de por vida con ellos. Sí, sea estricto en lo que respecta al trabajo y los plazos, pero también respalde a los miembros y guíelos cuando fallan. De esta manera, lentamente comienza a ganar su confianza y se mueve de la mano con ellos para asegurar el éxito de su empresa.

Alinear el trabajo con sus pasiones, intereses y fortalezas.

'No conozco ninguna fórmula única para el éxito. A lo largo de los años, he observado que algunos atributos del liderazgo son universales y con frecuencia se trata de encontrar formas de alentar a las personas a que combinen sus esfuerzos, sus talentos, sus ideas, su entusiasmo y su inspiración para trabajar juntos . '- Que en Elizabeth II

Esta cita de la reina Isabel le habla de una manera maravillosa de ganarse la confianza de la gente. Al combinar las pasiones, los intereses y los bienes personales de los miembros de su equipo para trabajar juntos, de modo que los miembros de su equipo sean más apasionados y felices, su trabajo indica que los conoce y se preocupa por ellos. ¿Quién no confiaría y confiaría en alguien que se preocupa y quiere hacerla feliz? Proveniente de alguien que dirige y gobierna a cientos de miles de personas, esta estrategia funciona .

Como mencioné anteriormente, esta técnica funciona porque cuando tu equipo te ve hacer un esfuerzo adicional para hacer que su experiencia laboral sea agradable e interesante, naturalmente desarrollan un punto débil para ti y comienzan a escucharte, una señal de que tienes la ira. confianza y confidencia.

Para entender lo que estoy sugiriendo, considere el siguiente ejemplo; usted es propietario de una empresa de consultoría y redacción y un miembro del equipo ama a los perros, le apasiona escribir y es un escritor talentoso; podría asignarles más trabajo a las fotos de perros.

Apreciarlos y recompensarlos

Imagina que estás trabajando para un jefe que frecuentemente aprecia a todos los miembros de su equipo. Por ejemplo, si alguien envía un informe del proyecto a tiempo, instantáneamente le envía un correo electrónico a esa persona diciendo "¡Buen trabajo!" Si alguien hace un gran proyecto con éxito, los recompensa con algo que les atrae, por ejemplo, dándoles una bonificación. ¿Cómo crees que reaccionaría un empleado ante tal tratamiento? Se volverían más entusiastas en su trabajo, si no fuera por cualquier otra cosa, solo para ganar las recompensas. Además, empezarían a apreciar más al jefe.

Esto demuestra que una excelente manera de ganarse la confianza de sus empleados y de entusiasmarlos con su trabajo es apreciarlos y recompensarlos regularmente. Manténgase al tanto del desempeño y el trabajo de sus empleados, y reconozca a aquellos que lo han hecho bien.

Además, deles recompensas que realmente les interesen, para demostrar que las conoces como individuos. Por ejemplo, si un miembro del equipo es un fanático de los Lakers, entrégueles entradas para el próximo juego de los Lakers si obviamente hacen el trabajo bien.

Sin embargo, a veces, es difícil mantenerse al día con el rendimiento de su equipo todo el tiempo. Aquí es donde la gerencia media es útil. Pídales que lo mantengan actualizado sobre el desempeño de sus trabajadores para que sepa cómo están trabajando todos.

Cultivar una cultura de rendición de cuentas.

Si está trabajando con Millennials, debe saber que disfrutan de responsabilidad, autoridad y poder. Para ganar su confianza, es importante darles la responsabilidad de sus tareas y objetivos específicos. Hágalos responsables de los resultados, cada persona en su tarea relacionada.

Una vez que asigne tareas a las personas,

no las administre a nivel micro, para que no sientan que está interfiriendo con su trabajo. Cuando asigna a un empleado una tarea y no se entromete, sentirá que confía y cree en ellos; por lo tanto, es probable que crean y confíen en que usted es un gran líder para el equipo. Algunas tareas pueden requerir supervisión y seguimientos constantes, pero en lugar de desplazarse alrededor de los que trabajan, establezca hitos y haga una revisión de cada uno de ellos.

La responsabilidad y la responsabilidad no se aplicarán únicamente a los empleados. También debe ser responsable y rendir cuentas del desempeño de sus tareas como líder. Esto sirve para dar un buen ejemplo. Por ejemplo, no puede quedarse atrás en sus tareas y de alguna manera esperar que todos sean productivos. Como líder, usted es un indicador de ritmo, así que dé un buen ejemplo.

Ayuda a los miembros del equipo a crecer

Piense en un momento en que su mentor o alguien que lo cuidó le dio la oportunidad de crecer y mejorar. Por ejemplo, cuando su madre lo alentó a continuar con su pasión por el canto o cuando un tío al que deseaba contratarle como aprendiz en su empresa para que pudiera aprender más sobre algo en lo que la empresa hizo interés, le interesaba.

Te dieron la oportunidad de crecer y mejorar, y al hacerlo, ganaron tu confianza a cambio. Cuando esas personas le pidieron que hiciera algo o le aconsejaron, es probable que haya seguido sus consejos con vehemencia y se haya asegurado de complacerlos. Si desea que su equipo confíe y confíe en usted, esto es exactamente lo que tiene que hacer.

Tienes que apoyar y fomentar su crecimiento personal. Para hacerlo, puedes repartir libros sobre crecimiento personal y empoderamiento, patrocinarlos para que asistan a seminarios y talleres sobre estos temas o darles plataformas para mostrar sus habilidades.

Si ejercitas estas estrategias, pronto tendrás a tu equipo de tu lado y los convertirás en un grupo de devotos que están a tu lado sin importar lo que pase. Para asegurarse de mantenerlos mejorando, también es importante inspirar a su equipo y formar líderes dentro de su equipo. Lo veremos en el siguiente capítulo.

Asumir la culpa

La mayoría de las veces las personas son rápidas para señalar con el dedo cuando las cosas van mal. No seas el que está buscando a alguien a quien culpar y quizás a alguien a quien despedir. En su lugar, asumir la culpa. Si nuestro equipo ve que se arriesga por algo que no fue totalmente su culpa y que responde ante una autoridad superior en su nombre, se habrá ganado su confianza. Como líder, aprenda a aceptar la responsabilidad por lo bueno y lo malo del equipo y no siempre en busca de un chico de la caída.

Cómo inspirar a su equipo y crear líderes

'El liderazgo no se trata de un título. Se trata de impacto, influencia e inspiración. El impacto implica obtener resultados, la influencia tiene que ver con la difusión de la pasión que tienes por tu trabajo, y tienes que inspirar a tus compañeros de equipo y clientes. '- Robin S. Sharma

Ya ha aprendido las diferentes formas de impactar a su equipo comunicándose efectivamente con ellos y confiando en las habilidades de los miembros de su equipo. Ahora es el momento deaprender cómo influir e inspirar a su equipo para que lleven sus talentos y habilidades a otro nivel y se conviertan en mejores líderes que usted en el futuro.

En el entorno de una empresa,

obviamente necesitará más líderes para dirigir su empresa a medida que crezca. Para asegurarse de que no tiene que buscar líderes fuera de la empresa, cree líderes desde dentro inspirando a su equipo.

Aquí es cómo puede influir e inspirar a sus empleados:

Dar retos

A medida que evalúa constantemente el rendimiento de sus empleados, encontrará algunos que se destacan. Ofrezca desafíos nuevos e intrigantes a esos miembros y hágales superar sus límites para que se vuelvan aún más increíbles en su trabajo. Revise el desempeño de esos trabajadores y averigüe quiénes se desempeñaron extremadamente bien. Conozca a esos candidatos preseleccionados por separado y comience a guiarlos sobre cómo dirigir a otros. Comience a guiarlos para que sean los líderes que usted quisiera que fueran.

Tomar acciones fuertes e importantes a

tiempo.

Su trabajo como líder no es siempre elevar el espíritu de su equipo. Su trabajo también es hacerlos difíciles y animarlos a ser los mejores en su trabajo. Para hacer eso, a veces tendrá que tomar decisiones que pueden no complacer a todos.

Si encuentras un vago entre ellos, sácalo del equipo. Nada hace que tu equipo y tu productividad disminuyan como un vago porque, finalmente, la actitud se extiende a los demás, así que asegúrate de que no haya ninguno en tu equipo.

Cuando el resto de tu equipo ve que tomas medidas enérgicas para mejorar la empresa y tu objetivo final, saben que no hay espacio para aflojarse y tienen que subir de nivel en su juego para permanecer en el equipo. También es un buen ejemplo para un liderazgo justo pero no débil.

Se un ejemplo a seguir

Si practicas lo que predicas, inspirarás a tu equipo de manera fácil e instantánea. Para influir en ellos, sé su modelo a seguir y para eso, primero debes seguir tus principios para que puedas dar un buen ejemplo a seguir.

Por ejemplo, si quieres que los nadadores no fumen o beban para mejorar su resistencia, no vayas a beber ni a fumar porque tú mismo no nadarás en la competición. Asegúrate de hacer lo mismo para que los inspires. Si desea que su equipo trabaje nueve horas al día durante dos semanas en lugar de siete, asegúrese de invertir nueve horas diarias también. Cuando te ven respetando las reglas, es más probable que hagan lo mismo. Además, enséñeles a reconocer sus errores aceptando cualquier error que usted cometa y luego discúlpese por ellos. Esto cultiva honestidad y sinceridad en el equipo.

Conclusión

¡ Gracias por descargar este libro!

' En última instancia, el liderazgo no se trata de gloriosos actos de coronación. Se trata de mantener a su equipo enfocado en un objetivo y motivado para hacer todo lo posible para lograrlo ... Se trata de sentar las bases para el éxito de los demás ... "

Este libro es fiel a la cita anterior para convertirte en el mejor líder, así que implementa las estrategias en él y conviértete en el mejor líder que tu equipo jamás tendrá.

¡Gracias y buena suerte!